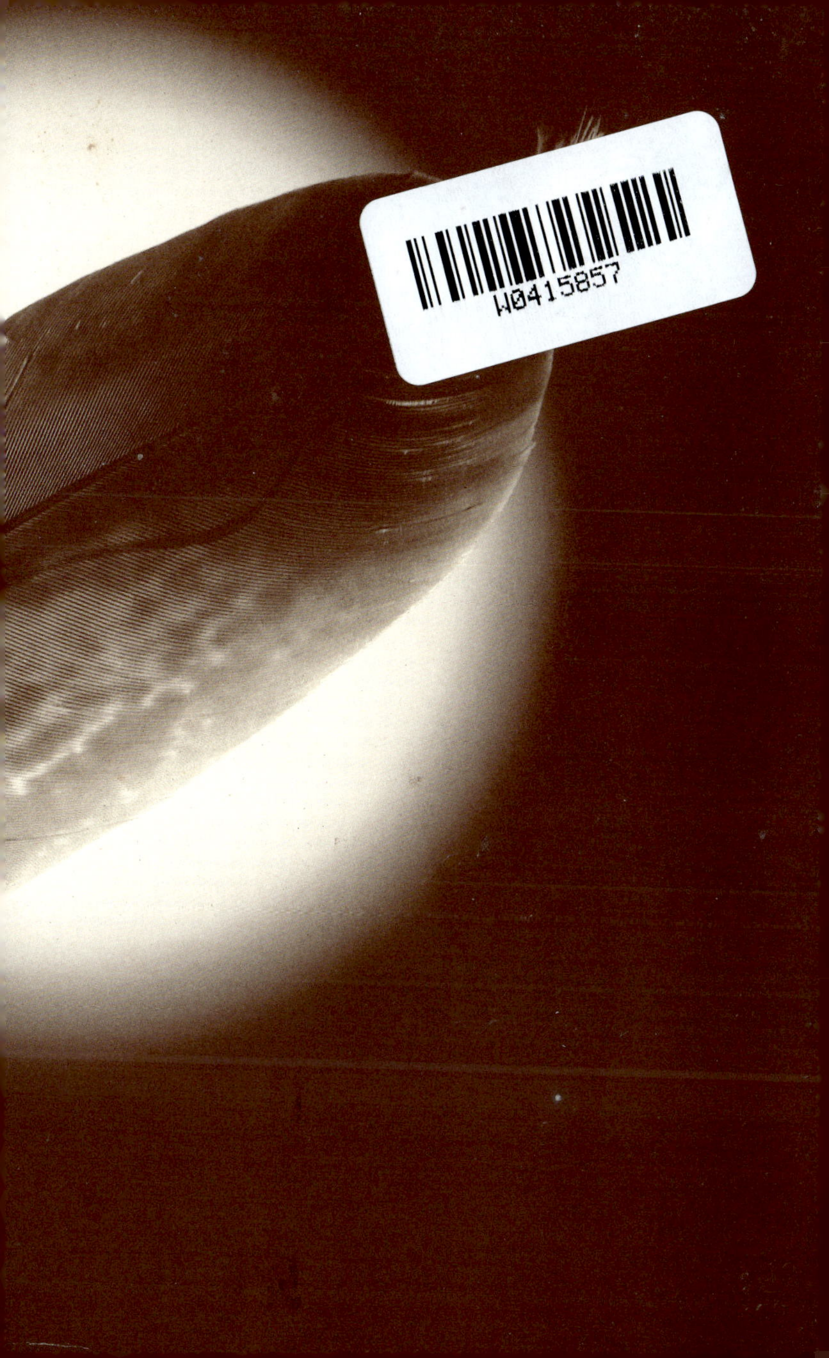

Chant Lakota

Mon ami, souviens-toi de ceci. Lorsque tu accompliras ces choses selon l'usage, dans l'enceinte du Cercle Sacré, les Esprits Divins viendront vers toi.

Assieds-toi et souviens-toi, alors que tu rempliras cette Pipe selon l'usage, que tout ce que tu désires du fond du cœur sera un jour exaucé.

COLLECTION DIRIGÉE PAR OLIVIER DELAVAULT

Déjà parus

Harvey Arden, Steve Wall, *Les Gardiens de la Sagesse*
Elliott Arnold, *La Flèche brisée*
Thomas Berger, *Little Big Man*
Michael Blake, *Danse avec les loups*
Forrest Carter, *Pleure, Geronimo*
Petit Arbre
Jean Cazeneuve, *Les Indiens Zuñis*
D.C. Cole, *Les Apaches Chiricahuas*
James Fenimore Cooper, *Le Dernier des Mohicans*
La Prairie
Angie Debo, *Geronimo l'Apache*
Ruth Beebe Hill, *Hanta Yo*
George E. Hyde, *Histoire des Sioux, le peuple de Red Cloud*
Louis L'Amour, *Hondo, l'homme du désert*
Thomas E. Mails, *L'Homme-Médecine des Sioux, Fools Crow*
N. Scott Momaday, *La Maison de l'aube*
Jean Pictet, *L'Épopée des Peaux-Rouges*
William K. Powers, *La Religion des Sioux oglala*
Yuwipi, rituel des Sioux oglala
Mari Sandoz, *Crazy Horse*
Edwin R. Sweeney, *Cochise, chef des Chiricahuas*
Stanley Vestal, *Sitting Bull*
Frank Waters, *Le Livre du Hopi*
L'homme qui a tué le cerf
Paul G. Zolbrod, *Le Livre des Indiens Navajos, Diné-Bahané*

 ISBN 2 268 01795 8.

MAQUETTE : SACHA KLEINBERG

Imprimerie Hérissey — Évreux (Eure)

VOIX DES GRANDS CHEFS INDIENS

Textes sélectionnés
par Claude Dordis
et Olivier Delavault

Traduits de l'américain
par Claude Dordis

Nuage rouge

ÉDITIONS DU ROCHER
Jean-Paul Bertrand
Éditeur

Big Bow, Kiowa

NEAMATHLA
chef Séminole

Nous leur enseignons la façon de chasser pour se procurer la nourriture, et aussi de se défendre contre nos ennemis. Mais nous n'avons nul besoin de vos écoles. Nous nourrissons l'espoir que nos enfants sauront rester tels que le Grand Esprit les a conçus, tout comme leurs pères le furent, c'est-à-dire des Indiens. Le Grand Esprit a créé différentes sortes d'hommes et a donné à chacun d'entre eux un pays pour s'y établir et vivre de même. Il a transmis à chacun d'entre nous des dons correspondant à nos propres besoins. Aussi, nous n'avons aucune intention de modifier les desseins du Grand Maître de la Vie.

Discours au gouverneur de Floride sur la façon dont les Séminoles éduquent leurs jeunes gens.
1823

PUSHMATAHA
chef Choctaw

N'est-il pas vrai que chaque femme devrait avoir un époux ? Et comment cela se peut-il, alors que nous possédons plus de femmes que d'hommes, à moins qu'un homme ne se marie à plusieurs d'entre elles ? Lorsque le recensement des nôtres fut fait sur la demande de notre Grand Père le Président, l'année passée, on conclut que les femmes étaient en surnombre, et donc si un homme ne devait posséder qu'une seule et unique femme, il y aurait des femmes sans mari.

Réponse faite à l'Agent indien qui s'étonnait que le chef possédât deux femmes. 1824

Hoop on the Forehead, Crow

Slow Bull, Sioux Oglala

Smohalla
Nez Percé

Mes jeunes gens ne s'engageront jamais dans la voie du travail. Car ceux qui s'y engagent ne peuvent rêver : or la sagesse vient de nos rêves. Vous nous demandez de labourer notre terre. Irions-nous avec un couteau ouvrir la poitrine de notre mère ? Vous nous demandez de creuser le sol pour y retirer des pierres. Irions-nous creuser sous la chair de notre mère pour y prendre ses os ? Vous nous demandez encore de couper l'herbe pour en faire du fourrage afin de le revendre et de devenir riche comme l'homme blanc. Mais comment oserions-nous couper les cheveux de notre mère ?

Yellow Wolf
chef Nez Percé

Loin de chez nous, sur cette terre d'exil, nous nous sentions abandonnés de tout. Aucune montagne, aucune source et aucune rivière claire et vivifiante. Souvent mon esprit était hanté par notre belle vallée de la Wallowa où jadis je fus élevé. Ce pays était peuplé d'Indiens, et sa rivière était bordée de nombreux tipis, son beau lac bleu entouré de larges et vertes prairies avec des chevaux et du bétail. Du haut de ces grandes forêts, il me semble entendre l'appel de voix. Tout cela est irréel, j'ai l'impression de rêver.

Scorched Lightning, Sioux Miniconjou

Ndee-Sangochonh-Thunder, Apache

Cochise
chef des Apaches Chiricahuas-Chokonens

Ce sont toujours les faibles qui perdent. Longtemps nous avons été les plus forts. Maintenant, nous sommes les plus faibles. Nous serons battus et nous mourrons, lentement si l'on réussit à nous enfermer dans des réserves, rapidement si l'on nous anéantit au cours d'une bataille. Puis ce sera votre tour. Après en avoir fini avec nous, vous vous tournerez vers d'autres peuples. Je suis certain que vous ne cesserez jamais de vous battre contre ces peuples qui sont sur des terres lointaines, de l'autre côté des océans et qui parlent des langues incompréhensibles. Serez-vous plus forts qu'eux ? Vous écraseront-ils ? Peu importe. Je ne sais qu'une chose : vous vous battrez sans répit. Partout où il y a des êtres vivants, la guerre est permanente. Nous autres Indiens, nous approchons de notre fin. La vôtre viendra aussi. Un homme fort rencontre toujours un homme plus fort que lui.

À son ami Thomas J. Jeffords

CHANT LAKOTA

Ô, Grand Père, puisses-tu poser ton regard sur moi,
Puisses-tu me voir, debout dans le mystère de ton cercle.

Cochise
chef des Apaches Chiricahuas-Chokonens

Ceci est un bien long voyage. Là-bas, les mouches dévorent les yeux des chevaux. De mauvais esprits hantent ces lieux. Je veux rester dans nos montagnes, là où leurs eaux m'ont si souvent désaltéré. Je ne veux pas quitter mon pays.

Réponse faite après la proposition concernant le déplacement de son peuple sur la réserve de Tularosa au Nouveau-Mexique

Many Arrows, Navajo

Jeune fille Apache

Cochise
chef des Apaches Chiricahuas-Chokonens

Shikissen, mon frère, crois-tu que tu me reverras encore en vie ? Je sens la mort venir, ce sera pour demain matin vers dix heures. Crois-tu alors qu'on se retrouvera ? Durant ma maladie, j'ai eu l'occasion d'y réfléchir bien souvent, et j'en suis venu à la conclusion que les vrais amis se rejoignent là-haut, plus loin que les montagnes, quelque part au-delà des cieux. C'est ce que je crois.

À Thomas J. Jeffords. 1874

Dull Knife
chef Cheyenne

Nous sommes malades et affaiblis, nous voulons seulement vivre en paix, mais on nous a forcés à vivre dans les Mauvaises Terres et l'amertume et le désespoir sont dans nos cœurs... Puis nous avons tenté de rejoindre les réserves de Red Cloud, mais l'homme blanc nous en a empêchés. Aujourd'hui, plutôt que de retourner dans les Mauvaises Terres, nous préférons sacrifier nos vies en combattant. Dites au Grand Père [1] que s'il veut nous repousser, nous nous égorgerons l'un l'autre avec nos propres couteaux plutôt que de céder. Ce sera notre mort à tous.

1. Nom que les Indiens donnaient au président des États-Unis.

Wolf Robe, Cheyenne

Foot Bull, Sioux Brulé

Crazy Horse
chef Sioux Oglala

Ma femme est malade. Ce terrible et dur hiver a allumé un grand feu dans sa poitrine. Laissez-moi la conduire chez le médecin à l'agence de Spotted Tail, car si je ne le fais pas, elle va mourir. Si je dois attendre la réponse du Père de Tous [1], ma femme sera déjà morte. D'ailleurs, je ne chasse pour aucun Père de Tous. Mon père est avec moi, et il n'y a aucune sorte d'interlocuteur entre moi et le Grand Esprit.

1. *Op. cit.* p. 24.

CHANT LAKOTA

Toi, le Grand Mystère, avec cette Pipe Sacrée,
Je souffre.
Je t'implore et t'adresse cette humble prière.
Toi, le Grand Mystère,
Aide-moi.

SITTING BULL
chef des Sioux Hunkpapas

Notre peuple est comparable à une île en plein milieu d'un grand lac d'hommes blancs. Nous devons unir nos forces, sinon nous serons tous anéantis un par un. Ces soldats ont ouvert le feu ; ils veulent la guerre. Alors comme un seul peuple nous leur ferons la guerre.

Une voix m'a été envoyée d'en haut me disant : « Je les remets à ta merci, parce qu'ils ne savent pas entendre. »

Sitting Bull, Sioux Hunkpapa

American Horse, Sioux Oglala

Sitting Bull
chef des Sioux Hunkpapas

Je voudrais connaître les raisons pour lesquelles vous circulez sur nos pistes. Vous effrayez les bisons, et nous avons besoin de chasser dans ces endroits. Je désire que vous vous retiriez de ce pays. Si vous refusez, de nouveau je vous combattrai. Je veux que vous abandonniez le terrain avec toutes vos affaires et que vous retourniez en arrière. Je vous parle en ami.

Chef Joseph
chef des Nez Percés

Je suis fatigué de me battre. Nos chefs ont été tués. Looking Glass est mort. Too-Hul-Hul-Sote est mort. Tous les anciens sont également morts... Celui qui dirigeait nos jeunes gens, Ollokot, est mort. Oh ! il fait si froid et nous n'avons pas de couvertures. Nos petits enfants meurent de froid. Certaines personnes parmi mon peuple se sont enfuies dans les collines, elles n'ont ni couverture ni nourriture. Personne ne sait où elles sont allées, peut-être sont-elles déjà mortes de froid. Je veux qu'on me laisse du temps pour rechercher mes enfants, et voir combien je peux en retrouver vivants. Il se peut que je les retrouve parmi les morts. Écoutez-moi, dites au général Howard que je connais son cœur. Le mien est triste et tourmenté. À partir de ce jour, de l'endroit où se tient le soleil, je ne combattrai plus jamais !

Chef Joseph, Nez Percé

High Horse, Sioux Brulé

Chef Joseph
chef des Nez Percés

Tous les hommes ont été créés par le même Esprit Divin. Nous sommes tous frères. Notre terre est la mère de tous les êtres humains, et tous devraient bénéficier de ses bienfaits de manière égale. Je sais que nous autres, Indiens, devons changer... Nous voulons seulement avoir les mêmes droits que les autres hommes, nous voulons être comme faisant partie de l'humanité. Et lorsque l'Indien sera traité par l'homme blanc comme tout autre être humain, alors nous ne connaîtrons plus la guerre. Nous aimerions être les enfants d'une même et seule famille sous un seul et unique ciel entouré du même pays, et nous prions pour que cela advienne.

Vendre un pays ?
pourquoi pas vendre l'air,
les nuages,
et le grand océan avec toutes ses terres ?

VICTORIO
chef des Apaches Mimbrenos

Ceci est notre propre terre. C'est l'endroit qui nous a été garanti par traité aussi longtemps que les montagnes résisteront et que les rivières couleront. Mais je te considère comme un ennemi loyal. Il est bon de savoir que parmi les Yeux Clairs se trouve quelqu'un d'honorable. Tu m'as montré ta bonne foi et j'en ferai de même avec toi. Je n'irai pas à San Carlos. Je n'y conduirai pas mon peuple. Nous préférons mourir sur notre propre terre, à l'ombre des grands pins qui couvrent nos montagnes. Ainsi nos os reposeront parmi ceux de nos ancêtres. Il est préférable de mourir au combat que de mourir de faim. Je n'ai plus rien à dire.

À un officier qui lui demandait de se rendre avec les siens à la réserve de San Carlos.
Novembre 1877

Victorio, Apache Mimbreno

Mosa, femme Mohave

Lozen
femme-guerrière Apache Mimbreno

L'ensemble de ce peuple est gouverné par Yosénés[1]. Quelquefois Il lui arrive de transmettre aux mortels certains de ses pouvoirs. Il m'a transmis l'un d'eux pour que j'aide mon peuple. Ce pouvoir est bon. Il est aussi bon que Lui l'est. Je dois uniquement l'utiliser pour le bien de mon peuple. Alors, je sens au creux de mes paumes un léger fourmillement. Je sais que le pouvoir opère en moi.

Prière pour localiser l'ennemi

1. Nom que les Apaches donnent au Créateur, à Dieu.

Geronimo
Apache Chiricahua-Bedonkohe

Nous sommes en train de disparaître de la surface de la terre, mais je continue à croire qu'il doit y avoir une bonne raison pour que Yoséné nous ait créés. Il a donné vie à toute une variété d'espèces d'hommes. Ainsi, pour chaque espèce créée, Il désigna un pays particulier. Lorsque Yoséné créa les Apaches, Il leur donna un pays qui se situe à l'ouest. Pour nourriture, Il leur remit des graines, des fruits et du gibier. Afin de soigner les différentes maladies, Il fit croître une multitude de plantes médicinales. Puis Il leur enseigna où trouver ces plantes et comment les préparer. Il leur accorda un climat doux et tout ce dont ils avaient besoin pour se vêtir et s'abriter... Cela eut lieu au tout début de la création : car Yoséné créa simultanément le peuple apache et son pays. Et quand viendra le jour où les Apaches seront séparés de leur terre, ils tomberont malades et mourront. Combien de temps s'écoulera-t-il pour que l'on dise qu'il n'y a plus d'Apaches ?

Geronimo, Apache Chiricahua

Tosawi, Comanche

Don Wanatee
chef des Mesquakies

Il me semble que la fin du monde est très proche. Il y a une centaine d'années, mon peuple prédisait l'existence d'une certaine boîte dans laquelle on pouvait voir des événements qui se passaient au loin et que l'on pouvait aussi entendre parler des gens qui n'étaient pas sur les lieux. De même il prédisait que les cieux seraient traversés par de grandes voies aériennes. De même les animaux seraient de plus en plus menacés, et que lorsque plusieurs espèces auront disparu de la surface de la terre, l'homme sera alors témoin de choses bien étranges. Des raz de marée, des tremblements de terre... C'est comme si la terre voulait se révolter contre la malveillance de l'humanité. De nos jours, d'autres nations indiennes commencent à réaliser ces prophéties. Beaucoup d'entre elles sont désespérées et se demandent comment elles peuvent retrouver la voie des traditions de jadis. Comment peut-on faire pour retrouver les beaux jours anciens ?

Dan Katchongva
chef Hopi

Nous savons que les fidèles se rassembleront afin d'échapper à la destruction lors du Grand Jour de la Purification. Ce jour-là, il y aura une explosion suivie d'un grand incendie qui pourra être vu sur tout le continent nord et sud-américain, et la terre sera prise d'une grande convulsion. Alors, à ce moment-là, lorsque le Grand Frère Blanc apparaîtra, écoutez sa voix et rassemblez-vous vers le sud d'où le pouvoir émanera.

Jeune Navajo

Femme Pueblo Acoma

CHIPAROPAI
femme de la tribu Yuma. 1909

Qui dit à l'arbre qu'il est temps pour lui de faire sortir ses feuilles ? Qui dit à ces merles que les beaux jours sont revenus et qu'ils peuvent dorénavant retourner vers le nord ? Les oiseaux comme les arbres obéissent à Quelque Chose qui possède la connaissance. Sans cela, aucun d'entre eux ne pourrait prendre une décision. Souvent, je viens m'asseoir seule dans le désert pour observer toutes ces myriades de petites fleurs, et je me dis à moi-même : Qui vous a dit que le printemps était de retour pour que vous puissiez éclore ? Quelque Chose de très grand ordonne à tous la manière de vivre. Nous sommes pareils aux fleurs. Nous vivons et nous mourons et, sur nous-mêmes, ne connaissons rien. Mais il y a un Grand Mystère qui nous enseigne. Il nous enseigne la manière de vivre. Et lorsque nous devons mourir, nous sommes alors envahis par une joie. Il n'existe aucune différence car face à la mort, nous redevenons tous semblables.

COLLECTION DIRIGÉE PAR OLIVIER DELAVAULT

À paraître

Jaime de Angulo, *Une famille de chasseurs indiens, contes et fables des Indiens de Californie*
Helen Addison Howard, *Joseph, chef des Nez Percés*
David Hurst Thomas, Jay Miller, Richard White, Peter Nabokov, Philipp Deloria, *Les Indiens d'Amérique*
Thomas E. Mails, *Fools Crow, sagesse et pouvoir*
Donald Sandner, *Rituels de guérison chez les Navajos, une exploration jungienne des rituels et des représentations dans l'art de guérir*
Ernest Wallace, E. Adamson Hoebel, *Les Comanches, princes des plaines du Sud*

SOURCES : *The McKenney-Hall Portrait Gallery of American Indians*, James Horan, Crown Publishers/Bramhall House, New York, 1972 – *Sitting Bull*, Alexander Adams, Batam's Sons, 1973 – *Geronimo's Story of his Life*, S.M. Barrett, Duffield and Company, New York, 1906 – *La Hache de guerre*, Jacques Seyr, Marabout, Gérard et Cie, 1951 – *I Will Fight no More Forever, Chief Joseph and the Nez Percé War*, Merrill D. Beal, University of the Washington Press/Ballantime Books, 1963, 1971 – *Red Chiefs and White Challengers, Confrontations in American Indian Story*, J. Jay Myer, Washington Square Press, 1972 – *American Indian Myths and Mysteries*, Vincent H. Gaddis, New American Library, 1977 – *The Indian's Book, Songs and Legends of the American Indians*, Natalie Curtis, Dover, 1968 – *In the Days of Victorio*, Eve Ball, University of Arizona Press, 1970 – *La Flèche brisée*, Elliott Arnold, Éd. du Rocher, coll. « Nuage rouge », 1992 – *Apache Life Way*, Edward M. Opler, University of Chicago Press, 1941.

Crédits photographiques : Old West Collectors Series. Azuka. Smithsonian Institute. Promeganate.

©
By F.B. Fiske

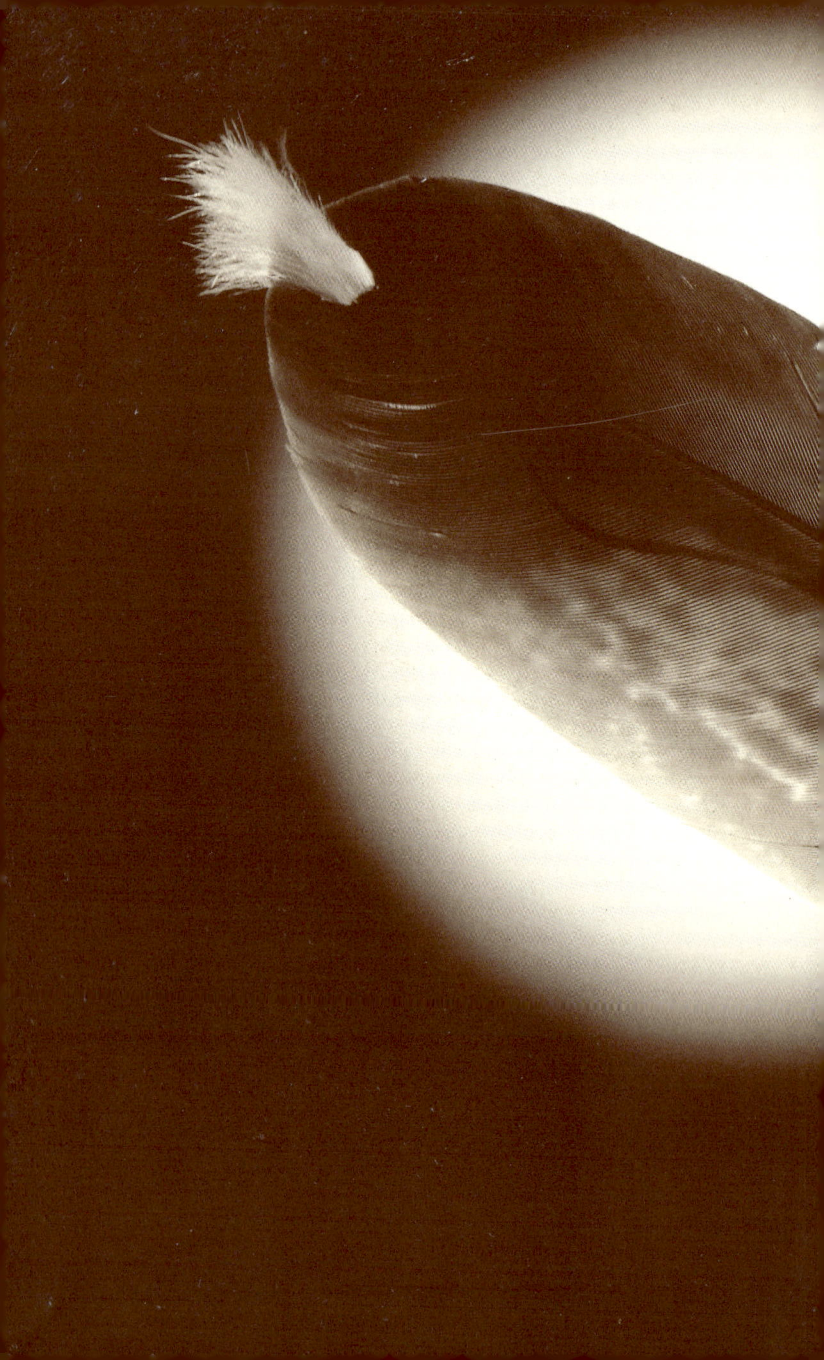